풍음・모음집(諷吟・慕吟集)

지성.감성의 메타언어
조선문학사시인선.920

풍음 · 모음집(諷吟 · 慕吟集)

박 진 환 제476시집

조선문학사

■ 책머리에_시인의 말

부조리에 대한 복수와 고분지통에의 충실

470번째 시집인 『오음집(五吟集)』에 수록하고 남은 시편들을 함께 엮었다. 『풍음·모음집(諷吟·慕吟集)』으로 시집 타이틀을 삼은 소이다.

'풍음'은 풍자쪼로 썼다는 풍자시풍으로 에둘러 읊었음을 의미하고, '모음'은 그리움을 형상으로 재구성했다 쯤이 된다.

현실에 대한 비판, 시대에 대한 불신, 온갖 악행에 대한 복수를 통한 개선(改善)의 의도에서 출발시킨 시가 '풍음'이라면, '모음'은 간 아내에 대한 그리움이랄까, 미련이랄까를 감사와 사랑으로 한 차원 승화시키고자 한 데서 출발시킨 시였다고 할 수 있다.

'풍음'은 일종의 시의 복수쯤이 된다. 비리, 부조리, 부정, 부패와 같은 온갖 악행에 복수를 감행함으로써 선을 일으켜 세우고자 한 데서 시를 출발시킴으로써 시의 복수, 또는 복수의 시쭘이 된다.

 '모음'은 아내에 대한 고분지통을 달래기 위한 비교적 감정에의 충실에서 시를 출발시켰다. 그 때문에 레토릭보다 슬픔이나 그리움 같은 감성에의 충실이 선행됐고, 이러한 감정에의 충실을 통한 고마움, 연민, 사랑과 같은 차원으로 업시키고자 한 것이 '모음' 시편들이다. 이 또한 시집 『오음집(五吟集)』에 수록하고 남은 시편과 그동안 새로 쓴 시들을 한데 묶어 엮은 것이 된다.

 나름으론 나름의 시법에 충실하고자 했고, 또 충실함으로써 시에 대한 충실에 값하고 싶어 했지만 재주가 그에 미치지 못한 점은 못내 아쉬움으로 남는다.

 더 분발해서 앞으로 상재할 시집은 더 좋은 작품으로 장식하고 싶고, 그러기 위해 노력할 것을 다짐해 본다.

2024. 盛夏
저자 씀

풍음・모음집(諷吟・慕吟集) 차례

책머리에_시인의 말 / 5

제1부
풍음시편(諷吟詩篇)

개꿈 / 13
공동묘지 시대 / 14
귀 밝은 것도 죄에 해당될 듯싶어 / 16
그늘의 계절 / 17
꼬레 꼴이라니 / 18
나을 듯싶어서 / 19
내 몫이다 / 20
no와 노(露) / 22
도치・부치의 도마 위에 놓여 있는 것을 / 23
도치(刀治)시대 / 24
땀의 계절 / 26
머리보다 항문이 더 정직 / 28
명언 풀이 / 29
무위와 인위 / 30
물신 물씬 썩어가고 있는데 / 33
？？ / 34
민주주의의 꽃도 피었으면 / 36

발치(拔齒) / 38
빛을 상실하고 사는 시대 / 40
사월(死月) 면했으면 / 42
사월(死月)이냐? 사월(斜月)이냐? / 44
선거 / 46
선 풀이 / 48
소로 대를 배움이 / 49
소음공해 지대 / 50
소이다 / 51
손 못 대는 / 52
시인(足認) / 53
시인이거든 / 54
시인이란 게 부끄럽다 / 56
신록의 그늘에서 / 58
악악악 악성(惡聲) / 60
악음(惡音)으로 / 61
약이 없는 종신지질 / 62
앰뷸런스 경적음 / 63
앰뷸런스 악음 / 64
어디 그리 쉽던가 / 66
어떻게 살았는가 / 67
에잇 / 68
우리는 / 70
이러해서일 듯 / 72

자연 스승 삼아 / 74
좌시할 수밖에 없다니 / 75
참꿈 / 76
치통 / 77
통치와 치통 / 78
투표유감 / 80
하일잡사(夏日雜思) / 82
한가를 벗하며 / 84
허(虛) 아닌 더불어 사는 삶이고 싶다 / 85
협치 실현 길 열 것을 / 86

제2부
모음시편(慕吟詩篇)

고향 그리다 / 91
그리움·1 / 92
그리움·2 / 94
그리움과 외로움 / 95
그리움을 사랑한다 / 96
그리움의 요람 / 98
근황시편·1 / 100
근황시편·2 / 101
나리꽃 / 102
나리꽃 앞에 하고 / 104

나리꽃이 되어본다 / 105
나리꽃 피고 지는 날에 / 106
나리꽃 피다 / 108
노독(路毒)을 푼다 / 109
동행 / 110
미련 / 111
미안코 또 미안코 미안하다 / 112
배운다 / 114
봄비는 내리고 / 116
비 오는 날 / 118
비 오는 날 도지는 우울증 / 120
비의 변주 / 122
사랑도 아픔이란 걸 / 124
소환(所患) 하나 지니고 있어서 / 125
아내의 2주기에 / 126
외로움 / 128
우계 연가 / 129
우계의 엘리지 / 130
울음 즉 행복 / 131
주말께면 / 132
주말이면 / 133
한가한 시간의 한때 / 134

제1부
풍음시편(諷吟詩篇)

개꿈

만사개여몽(萬事皆如夢)이면
이 세상 모든 일이 꿈같다는 말 아니던가

헌데 풀이에 따라선
달리 꿈 풀이될 수도

개여몽(皆如夢)을 유식한 척
견여몽(犬如夢)으로 무식하게 풀었더니 개꿈

그래선가
정치가들의 최대의 꿈이 왕왕 킹킹이어서

왕왕 킹킹(王王 king king)이
개꿈으로 풀이될 수도 있어서

공동묘지 시대

비정의 시대
무쇠 가슴이 돼버린
정의 코일이 끊겨버린
정이 자장의 기능을 상실해버린 시대

물신의 가치만이
이해타산의 셈법만이 진실이 돼버린
정이 통하지 않는 가슴의
비정시대

코일만이 아닌 핏줄도 끊겨버린
피가 통하지 않는 가슴의 시대
현대란 가슴으로 사는 시대가 아닌
물신으로 사는 시대

정신의 퇴화를 따라
정신덕목도 퇴화해버린 비정의
정(情)과 함께 정(精)·정(正)·정(政)도
죽어버린 공동묘지 시대

묘마다 묘비를 세워라
더러운 세상
더럽게 살다간 더러운 놈들이
여기에 묻혔노라고

귀 밝은 것도 죄에 해당될 듯싶어

어쩌다 정치판이
깽판 못 면하는지
깽판뿐인가 깽깽이판까지

깽깽거리는 게 뭐더라
이전투구의 개판 싸움이
깽깽이판 아니던가

청각 성능이 말씀이 아니라고?
고성능 청각으론 깽깽이가
이전투구의 물고 물리는 소리로 들려서

그래선가
귀에 이어폰 꽂았더니 깽깽이
왕왕(王王) 킹킹(king king)으로 들려서

귀가 무슨 소리 감정손가
귀 밝은 것도 죄에 해당될 듯싶어
끼었던 리시버를 뽑아버렸다

그늘의 계절

잠시 일상을 접어두고
그늘에 앉아 삶의 울타리를 벗어나 본다

파란 하늘이 있고 푹신한 그늘이 있고
필릴리리 새 울음이 끼어들어 함께 하잔다

수림들의 이파리들이 부챗살로 펼쳐지고
한 자락 바람이 더위를 끌고 가버린다

공원 밖의 세상과는 잠시 인연을 끊고
나마저 잃어버린 무아로 돌아가 본다

한때의 한가가 구름을 불러 타고
산정을 넘는다, 이 세상엔 나는 없다

꼬레 꼴이라니

칼로 다스리니 칼치시대
유식하겐 도치(刀治)시대
사투리론 도치가 도끼니 더 유식하겐
부치(斧治)시대

칼과 도끼로 다스리는
도치(道治) 덕치(德治)와는
거리가 먼 하치(下治)시대
상치(上治)완 담을 쌓았음이다

담 높을수록 궁궐도 높고
외외탕탕 기세도 높고
권위 또한 높음인데
높으면 낮음도 있기 마련

하치에 도취 돼
한손엔 칼 또 한손엔 도끼
망나니 칼춤에 도끼춤까지
얼씨구 장단에 망가지는 꼬레 꼴이라니

나을 듯싶어서

천치 바보를 유식한 말로
동혼(僮昏)이라 하던가
거꾸로 풀었더니 혼동이 되데
매사 뒤섞어 보거나 잘못 판단한

잘 보고 잘 판단하고 영리함을
선천적으로 타고난 재주 천재라던가
같은 천재이면서 천재(天才)와
천재(淺才)는 격이 다른 천재

소릿값으론 천재(天才) 천재(淺才)가
같은 값어치여서
천치와 동혼은 다르면서 같음이고
천재와 천재는 같으면서 다름이니

엎으나 뒤집으나 동혼이나 혼동이나
천재거나 천치거나 그것이 그것
젠체하는 쳇병장이들 천치 짓보다야
나을 듯싶어서

내 몫이다

투표를 총알보다 무섭다 했던가

단발의 위력
상대를 거꾸러뜨리지 못하면
내가 쓰러진다

쓰러지지 않기 위해
최선을 다했지만
쓰러지는 쪽은 번번이 나 자신이었다

오준과 오발
명중한 적이 없다
내 탄알엔 화약보다 이데올로기가 더 강했다

민주주의를 꽃 피우기 위해
한 번도 도움을 주지 못했던 건
이 때문이었다

허긴 방아쇠를 당기는 일이
고작 몇 번에 불과했으니

탓할 일도 못 된다

마지막이 될지, 한번쯤 더 있을지 모를
방아쇠 당기기
내 총은 모조품 초콜릿 권총이다

오준이거나 오발이 내 몫인 소이다

no와 노(露)

성내다를 유식하게 풀면 노(怒)하다
노하다를 더 유식하게 풀면 격노하다
무엇에 격노했는지
왜 격노했는지는 알 수 없지만
노(怒)가 노(no)도 될 듯싶어서

어찌하여 노(怒)가 노(no)가 될 수 있을까
격노진실 안 밝히면 국민이 노해
노(no)할 수도
백 가지 처방에도 삐딱한 사시(斜視)
%의 눈금 제자리가 이를 대신 말해준 것 같아서

노(怒)하다가 노(露)하다가 된 소이
노(no)로 가리고 가려도 드러난 노(怒)
진실은 끝내 드러난다 했던가, 사필귀정 했던가
노(露)하다가 그러한 듯싶어서

※ 노(露)하다 : 장소가 깊숙한 맛이 없어 바라쳐서 겉으로
   드러남을 일컫는 말.

도치 · 부치의 도마 위에 놓여 있는 것을

치도(治道)에도 상치가 있고 하치가 있다
만인이 좇고 따르는 바른길을 걷는 도치(道治)
만인의 마음되어 화와 덕으로 모이는 덕치(德治)

반대로 칼로 다스리는 도치(刀治)
도끼로 찍어내는 부치(斧治)
힘으로 밀어붙이는 통치는 하치(下治)다

이치 아닌 하늘의 법도로 다스리는 이치(理治)
무위로 다스리는 순응의 법도 순치(順治)
이치 · 순치 좇아 천리와 무위의 인에 가 닿음

우린 지금 어떤 법도의 다스림에 지배돼 있는가
칼로 다스리는 도마, 도끼로 찍어내는 벌목정치에
피 흘리는 통치의 지배하에 있지 않던가

어찌 아픔이 없겠으며 고통이 없겠는가
통치의 아픔 치통 같고, 칼 · 도끼에 상했으니 어찌
피 흘리지 않겠는가, 도마 위에 놓여 있는 것을

도치(刀治)시대

간장(干將) 막야(鏌鎁)의 검은
천하의 명검이지만
피를 묻히지 않는다

피를 흘리지 않고도
피보다 진하게 다스리는
보검이기 때문이다

도마 위에 칼 있으면 피 흘리기 마련인
하치(下治)
도치(刀治)로 다스림이 그러하지 않던가

도치(道治)나 덕치(德治) 같은
상치(上治)는 칼 아닌
도와 덕으로 다스림이니

피 흘릴 이유 없고
스스로 따르니
매로 칠 이유 또한 없다

정치의 정(正)자에 곁들인 칠 복(攵)자가
매가 아닌 칼이 되어버린
도치(刀治) 시대

매와 칼의 다스림이 이리 다른 소이
상치(上治)인 도치(道治)·덕치(德治) 외면
하치(下治)로 다스림 때문이다

땀의 계절

부끄러워 땀으로 등을 적시는
무서움과 두려움으로 흘리는 땀을
유식하게 한출첨배(汗出沾背)라 했던가

연옥 방불케 한 땀의 계절
더위에 흘린 땀도 억울한데
부끄럽고 두려워 땀으로 등을 적시다니

막말의 여의도 양반들 문전구사(門前求舍)에도
부끄러워할 줄도 땀 흘릴 줄도 모르는데
도치부치(刀治斧治)에 벌벌 떨며 땀 흘리다니

정작 땀 흘려야 할 위인들 땀 안 흘리고
안 흘려야 할 못난이들만 땀을 흘려서야
세상 공평치 못함이고 때 묻고 더러워진 때문이야

그늘의 한때 땀을 식히며
노동으로 흘리는 땀의 귀함과
도치부치의 두려움으로 흘린 땀을 견줘본다

흘릴 줄 아는 땀과
흘릴 줄 모르는 땀
전자의 땀은 피이고, 후자의 땀은 구정물 같아서

머리보다 항문이 더 정직

세상에 많은 말
머리의 항문인 입으로 토해내서
구리구리 설사병 같은 줄 알았더니
아니었어
변(便)도 변(辯) 되어 그냥 변이 아닌
진단(診斷)의 변(辯)이었어

위장출혈로 흑변 못 면한지 10일 만에
드디어 바나나 같은 쾌변의 정상이었어
이를 변(辨) 아닌 변(便)으로
진단해 줬어
청진기 그딴 것보다 내시경 그딴 것보다
변(便)이 더 정확히 진단의 변(辯)이었어

발병 10일 만의 아침
그 어지럼증 어디로 가고
그 흔들림 어디로 가고 이리 쾌할 수가
입으로 쏟아내는 구리구리가 아닌
몸으로 쏟아내는 쾌변의 치유
머리보다 항문의 정직을 배웠어

명언 풀이

비록 옛분들의 말씀일지라도
오늘날에도 합당·유용하게 받아들여지면
그 말씀을 명언이라고 한다

공자 왈
기신정 불령이행 기신부정 수령불종(其身正 不令而行 其身不正 雖令不從) 했던데

윗사람의 몸가짐이 바르면 명령하지 않아도 백성은 행하고 그 몸가짐이 바르지 않으면 비록 명령해도 백성이 따르지 않는다로 풀이된다

딱 맞는 것이
비록 옛 말씀이나 오늘날에도
설득력으로 작용하고 있음에서다

나라님의 말씀을 백성이 따르지 않는 소이
그 몸가짐이 바르지 않음 때문인 것을
바르지 못한 몸가짐에 칼·도끼 들고 있어서야

무위와 인위

영상이었다 영하였다 그 반대였다가
아직 봄과 겨울의 기싸움은 끝나지 않은 듯
몸싸움 지양하는 걸 보면
무위의 순리 좇고 법도 따른 듯

인위에선 있을 수 없는
보내고 맞는 겸양이거나 예의
불문율의 순리가 곧 법도인 질서
인위에선 성문률로도 지켜지지 않는

하늘의 이치 좇으면 그뿐
좇아 이치에 가 닿으면 그뿐
무위의 법도가 이러하거니
다스림 없이도 따르는 무위지덕

인간사에서는 있지도 있을 수도 없는
덕 없이도 덕으로 행해지고
덕 없이도 순리로 이어지는 무위의
순환과 질서

인위의 세계란 덕 있어도 좇지 않고
따르지 않고 되레 역행하는
덕보다 힘이나 권력을 선행시킨
질서 아닌 힘의 통치가 덕을 역리하는 인위

물신 물씬 썩어가고 있는데

저 빌어먹을 놈의 갑충(甲蟲)이
또 악악 악을 토하며 지나간다
한아 한 마리가 질세라
악악 먹물을 토해내며
먹선을 긋고 간다

탓하지 말 것이
세상이 병들었는데 어찌
인간이라고 무사할 수 있겠는가
병든 시대 삶들이
그러한 것을

무사한 것은 무위뿐
철 되어 나리꽃 피고 피어
빛깔과 향기로 말하거니
어찌 악악인들 있겠으며
먹물 세례가 있겠는가

철 되어 꽃으로 말하는 무위의 순수와
악악대며 병든 시대를 토해내는 인위를

어찌 견주어 말하겠는가
물신시대의 삶이
물신 물씬 썩어가고 있는데

? ?

거리마다 골목마다
페인트로 색깔한 민주화꽃
만발했데
저 만발한 꽃잎대로만 꽃 피운다면
칼공화국
도끼공화국은 면할 듯

헌데 페인팅이냐?
진실이냐?
공약(空約)이냐?
술수냐?
?마다 꽃잎 되어 페인트로 빛깔한
꽃이면 이 낭패를 어찌 하나

4월은 꽃의 계절
어찌 공약(公約)이
길섶에 가득한 라일락 향만도 못한
페인팅 냄새여서야
가슴에서 가슴으로 개화한 꽃이기를

현수막 얼굴마다 꽃으로 피었데
그 꽃 살아있는 꽃이었으면
살아 꽃보다 아름다이 실천으로 펼친
꽃잎이었으면
가슴마다 바라는 민주의 꽃
4월이 사월(死月)이냐 사월(斜月)이냐?

민주주의의 꽃도 피었으면

우수를 맞아 계절의 신경질이
좀 심하다
겨울은 눈으로
봄은 비로 맞서지만
심판은 절후가 맡고 있어 봄 쪽으로 기운다

연일 비·흐림에
앞으로도 눈·비가 예고되고 있어
신경전이기엔 기싸움에 가까운 듯싶다
계절만이 아니다
4월 총선 앞둔 각 정당의 기싸움도 다르지 않다

여야뿐만이 아니다
투표권을 손에 쥔 시민들도
기대는 봄인데 겨울 고집도 만만찮다
꽃다운 꽃은 필는지 피다 말는지
꽃의 빛깔을 두고도 신경전·기싸움이 한창이다

경칩·춘분·청명 등 봄으로 가는 길목
계절은 천형의 문둥병 발병지대

나무들 죄다 피 흘리기 마련
제발 양심에도 피가 돌아
개화 만발 민주주의의 꽃도 피었으면 싶다

발치(拔齒)

민둥머리에 듬성듬성 빠진 이
두동치활(頭童齒闊)도 억울한데
그나마 몇 남지 않은 이를 또 발치해야 하다니
억울함이 크다

남의 것 탐해 훔쳐 먹은 적 없고
빼앗아 씹어 삼킨 일 없는데
소이로 가늘게 먹고 가늘게 배설했는데
발치라니 억울하다

남들은 위가 상해 비위난정 못 면할 때
위가 성해 통치 씹어댔더니
치통이 돼 발치 못 면할 줄이야
아무튼 억울하다

억울(抑鬱)의 억(抑)과
억압(抑壓)의 억(抑)이 같은 동항렬
탄압은 탄압받는 자를 강렬하게 하고
결합시킨다 했던가

통치와 탄압이 다르지 않아서
억억(抑) 내질러 핏대 세워
씹어댔더니 한쪽으로 고혈압
다른 한쪽으론 치통앓이

할 말 다 토해내고
이의 역할 다해 뽑아야 한다면
억울함보다 고마움이 클 듯싶어
생각 고쳐먹기로 한다

빛을 상실하고 사는 시대

빛의 광원(光源)을 지성으로 보고
저물어가는 한 세기의 물신 시대를
사양(斜陽)으로 진단하면서
사양 뒤의 어둠을 밝히고자 했던
지성(知性)

저물어가는 노을을 앞에 하고
무너져가는 런던 다리에 빗대었던
무너진다 무너진다 런던 다리가 무너진다고
외쳤던 황무지의 시인
엘리엇도 지성 중의 한 분 아니었던가

물신에 밀려 정신적 가치가 도괴되고
정신적 가치가 퇴화되는가 하면
물질적 가치에 지배당해버린
물신주의 시대의 어둠이
사양 아니었던가

오늘의 우리 현실도 다르지 않거니
도치(刀治) 부치(斧治)에 밀려

삶의 가치가 파괴되고 피를 흘려야 하는
빛은커녕 어둠마저도 직시할 줄 모르는 맹인 시대
이상의 오감도와 다르지 않는 진단이거니

사월(死月) 면했으면

다행히 햇볕 나고
바람 없어
두 자리 숫자 영하에도 견딜 만하다

소한·대한 지나
며칠 후면 봄이 들어선다는
입춘

날씨 풀리면 좋고
춥단들 피해갈 수 없으니
순리대로 맞을밖에

맞다 보면
개구리 눈 뜬다는 경칩
우수도

겨울을 겨울답게 견딘 이만이
봄도 봄답게 맞는 법
가슴에 지닌 꽃씨 하나도 그럴랑가

민주주의 꽃이라는 선거의 달 4월
제발 인동의 보람으로
4월 사월(死月) 면했으면 싶다

사월(死月)이냐? 사월(斜月)이냐?

미세먼지이기엔
공기 그런대로 맑은 걸 보면
영하에서 영상을 회복한
계절의 숨결이 서린 듯
시계 제로다

허긴 쨍하고 트인
시계도 있던가
정치·경제·사회 전반에 걸쳐
시계 제로지대
한반도

맑고 청명한단들
트여올 것이나 있겠으며, 있단들
신명 날 것이라곤 없는
제로지대가 제격인
불투명의 제로지대

봄 되어 꽃이라도 피면
제로지대 열려 청명 벗할까

벗해 꽃가지 앞에 하고
답답증 숨결 골라 볼 수 있을까
있어 입춘대길이라 써볼 수 있을까

내년 4월
사월(死月)이냐
사월(斜月)이냐
이 땅의 봄은 지금
국민들의 의중에 꽃씨 가꾸고 있는 중

선거

투표를 총알보다 무섭다 했던가

오늘은 총 쏘는 날
가늠자마다 명중을 위한 긴장으로
눈빛들이 빛난다

죽어야 새로운 삶으로 태어나는
명중률 높을수록 상대가 거꾸러지는
이상한 사격장

그것도 전국 각지에서 축제처럼
동시다발로 발사되어 감행되는
하루만의 혁명

선거를 민주주의의 꽃이라 했던가
혁명군이 쏜 탄환에 심장으로 쏟아내는
붉은 피는 꽃잎이 된다

피는 꽃은 국민들의 살아있는
가슴이 흘리는 선혈이다

제마다 가슴을 향해 당겼던 방아쇠

승리는 국민의 몫이고
꽃들은 커다란 화환이 되어
가슴 가슴마다에 헌화가 되어 안긴다

선 풀이

북에서 '특별한 선물'이라며
날려 보낸 오물풍선
어순 바꿨더니 선풍이 되데

선풍이 되어 이름값이라도 하려는지
한반도의 정치, 안보기상도 바꿔버린
선풍(旋風)도 되고 선풍(颱風)도 돼서

선풍에 열이 올랐는지 땡볕더위
선풍기도 한 몫 자청
좌우로 도리질 치며 "아닌데, 그게 아닌데"

그렇구나, 그게 아니지
선(善)·선(仙)·선(禪)이었으면
선선선한 바람 그 아니 좋으련만

어쩐다, 강대강 노선으로 그어버린 선(線)이
3.8선에 또 선을 둘러쳐서
다가오는 땡볕 연옥에도 선선한 바람 틀렸으니

소로 대를 배움이

공자님 말씀 대인(大人) 대인 하셨길래
덩치 큰 사람이거나 대통령같은
거물급 인물인 줄 알았더니
아니었어, 말수가 적은
군자를 두고 한 말씀이셨어
마치 덩치 큰 황우를 두고 소라 칭하듯이

소의 덕이 말없이 말 듣기
덩치 값대로 경망스럽지 않기
이름은 소이면서 거대 몸집대로 놀기
참을성 있게 인내로 덕 삼기 등
'듣기', '않기', '놀기', '삼기'가
자사절(子四絶)에 빗대어 봄직해서

공자 못 익혀
군자지도 걷지 못했지만
말씀대로 인원호(仁遠乎) 인은
멀리 있는 것이 아니라 가까이 있다 하셨거니
가까이 있는 소[牛]를 통해
거대 몸집 대의 덕을 배워봄이 어떨지 싶어서

소음공해 지대

상식으로 허용되는 소음도 있고
법으로 허용되는 악음도 있고
무위가 허용하는 불협화음도 있고
세상은 온통 소리의 공해 지대

굴착기들의 지축을 울리는 덜덜덜 떠는 진동음
갑충들의 석유 퍼 마시고 풍기는 소음
앰뷸런스의 악악대는 악음
다투어 질러대는 불협화음의 제녀들 경쟁음

조용히 살자면 귀마개를 끼거나
피해 산으로 들어가 절간 하나 세우거나
아니면 방음벽을 세워 차단하거나
다 쓸데없고 결론은 참고 사는 방법밖에

참는 것도 한계에
혼까지 짓밟고 짓이기고 지나가니 무슨 수로
소리가 사람 잡는 나라 '이것도 나라가'
나라 이 지경이면 소리에 나라가 잡혀 먹힐 수도

소이다

한 손엔 칼
또 한 손엔 도끼
베어내고 찍어내느니
피 흘리는 목

피 한 방울 흘리지 않고도
목보다 귀한 몫을 칼·도끼 아닌
펜으로 세상의 악의 목을 도려내는 몫을 하는
풍시조

정치로 치면
칼 도끼는 하치 도치(刀治)·부치(斧治)
펜은 상치
도치(道治)와 덕치(德治)

펜은 칼보다 강하다
도끼보다도 강하다
통치보다도 강하다
펜을 무관의 제왕이라 하는 소이다

손 못 대는

고혈압·당뇨·심장병은
구식병
암·에이즈·코로나는
신식병

걸렸다 하면
살아남기 힘들어
살고 싶으면
단식탐 줄여야

순구식 청진기 의사시네
지금은 잘난체·가진체·높은체
젠체하는 쳇병시대
신식의사도 손 못 써

시인(是認)

독자보다 시인이 더 많은
세상이 됐다데
과장이겠지만 그럴 법도

해서 하는 말
시인은 많은데 시가 없다
읽을 만한 시가 없다함 아니던가

'읽을 만한 시가 없어 안 읽는다'면
책임은 시인 몫
헌데 시인들은 독자 쪽으로 넘긴다

잘만 써봐, 왜 안 읽어
아니지, 잘 쓰면 못 읽어
시 이전의 시는 시시해서, 잘 쓴 시는 어려워서

시인공화국의 시인 수난시대
시즉시(詩卽屍) 못 면하는 소이를
시인이 시인(是認)해야 하다니

시인이거든

찾아온 어느 지인
자칭 시인이라 하면서
자작시 한 편을 낭송했다

'내 시는 가짜다/ 모두 다 가짜다'
가짜 시인이 썼으니 가짜 시일밖에
진짜 시인도 있는가?

글쎄요
자신이 최고의 시인이고 자신의 시가
최고의 시라고들 젠체하는 시인 천지지요

어떤 시일까
서점에서 제일 잘 팔리는 시
그러면 그렇지, 가짜 시만도 못한 시

교보에서 단 한 권도 팔리지 않았다면
그런 시 읽고 배우고 싶다
그게 진짜 시이니까

지금은 물신시대
정신적 가치가 물질적 가치로 대체됐는데
정신덕목 시로 내세운다?

틀렸어
시인이 없고, 시가 없고, 시를 읽지 않는 시대
시대의 시에 대한 등식이 이러한데

시를 신앙으로 알고 산다고?
등식도 모르는 등신들이
시인이거든

시인이란 게 부끄럽다

지하철 방호 원도에 스티커된 시를 읽어보면
그중 십중팔구는 시 이전의 흉내 시들이다
시의 생명이라고 할 수 있는 컨시트도
메타포도, 위트도 없는 언어의 나열품들이다
일테면 99.5%가 시답지 않다는 뜻이다
시민공모란 구실로 뽑힌 족보도
혈통도, 기법도 없는 맹탕시들 뿐이다
그래도 시인 당사자는 자랑을 해싼 모양이다

지하철을 도배한 시 중 내 시는 한 편도 없다
5만여 편의 시를 썼으니 최고로 많은 시를
썼다고 생각했는데 99.5%에도
끼이지 못한 모양이다
딴엔 현대시법에의 충실에서 시를 출발
나름으론 최선을 다했다고 생각하고
피까지는 몰라도 잉크에 물 타 쓴 적 없는데
그리 외면되다니 소이가 궁금하다

정말 형편없는 시일까?
정말 시 이하의 시시한 시일까?

아니면 읽어도 무슨 말인지 몰라서일까?
참 궁금하다
아마도 시를 뽑는 분들이 나만도 시를 모르는
풋내기 아니면 머저리들이어서일 듯싶다
머저리들이 뽑은 머저리 시를 시라고 행세하는
이 어처구니없는 세상의 시인이란 게 부끄럽다

신록의 그늘에서

악목불음(惡木不蔭)이라 했던가
나무도 못된 것은 그늘이 없다 함이니
나무다운 나무는 그늘을 드리운다 함일 듯

인간에 빗대어 보면
사람 못된 것 덕 지니지 못하고
인간다운 인간은 덕 지녀 베푼다 쯤일 듯

옛분들 말씀이려니 했더니
새겨보니 맞는 말씀 나무가 그러하듯
인간도 무음·유음으로 덕 가려서

덕 지녀 베풀면 좇는 이 있어
외롭지 않다는 덕불고필유린(德不孤必有隣)
같은 뜻 지니고 있음 아니던가

신록의 계절 땀의 한때
먼 산 뻐꾸기 울음 폭국폭군 들려오고
가지에서 가지로 나는 새 지저귀면

한가 벗해 쉬는 다디단 휴식은 땡볕 가려준
유음의 덕, 헌데 세상은 칼로 베고
도끼로 찍어내는 벌목의 도끼시대여서

악악악 악성(惡聲)

우와 와와 우우와와
죽음을 실러가는 것인지?
부활을 싣고 오는 것인지?

우와와으으 으으우와으으
죽음을 애도하는 장승곡인지
부활을 축하하는 축가인지

아으아으아으 으아으아으아
하느님은 알아 들으시것소
염라대왕님은 알아 들으시것소

아아아 으으으 이이이
인간은 알아들을 수 없는
앰뷸런스 악성

악음(惡音)으로

어여 어여 어여도 아니고
비켜 비켜 비켜도 아니고
내지르는 소리 내막이라도 있을 법한데
알 수 없는 악음 거슬리는 악음만 악악댄다

그것도 시대 때도 없이 토해내는
악을 쓰기 위해 악악대는 것인지
따가움에 더위 먹지 않고는 내지를 수 없는
질리고 또 질리는 악음이다

자동차 소음은 양반, 점잖은 편
그에 비하면 앰뷸런스 소음은
상스럽고 점잖지 못한 설명할 수 없는
잡스럽고 상스럽기가 최상급인

단 한 가지 좋은 점인지 그마저도 경기할 일인지
더위에 지쳐 늘어질 때 꽹과리치듯
굉음으로 잠을 깨워주는
혹여 꿈속에서라도 들릴까 두려운 악음으로

약이 없는 종신지질

그리움·연민·사랑
표현 각기 달라도
한 뿌리에서 태어난 세 얼굴 아니던가

뿌리 같으니 하나이면서
표현 달리하니 세 얼굴
다르면서 같고 같으면서 다름인

그리면서 아파하고
아파하면서 사랑하는
정을 혈통으로 하고 태어난

사랑하면 할수록 그리움이 되고
연민이 되고 아픔이 되는
한마디론 고분지통탄

아픔은 아픔으로 다스려야 하는
달리 치유할 수 없는 치료법이 없으니
아파라 약이 없는 종신지질

앰뷸런스 경적음

생명의 위급함을 신고 병원행의 길이 어찌
조급하지 않겠으며 빨리 달리고 싶지 않겠는가
해서 갖가지 소리란 소리 다 동원
길을 터 달라고 외치는 앰뷸런스 경적음

초를 다투는 절박함을 배려
소음인 줄 알면서도 허용해준 경적음
헌데 내지르는 악음이 그냥 소리가 아닌
소리 중 가장 듣기 싫은 악음(惡音)이다

비켜줄 때까지 처지르는 악음
신호에 걸려 꼼짝 못하는 차들을 향해
비켜주지 않는다고 악을 악을 쓰다니
그놈의 소리가 대악(大惡)이다

대악(碓樂)이면 신라 때 백결선생이
지었다는 노래이니 악음(樂音)이었을 터
앰뷸런스 악음 대악(大惡)은
신경이란 신경 백 갈래로 찢어내는 아픔이다

앰뷸런스 악음

앰뷸런스 경적음은 굉음 아닌
악음이다
거꾸로 돌리면 음악이 된다
헌데 소리는 소리지만
귀신 곡하는 소리도, 귀신 머리털에 불붙어
내지르는 소리도, 귀신 낙상해 마빡 터진
소리도 아닌 소리 중 최악의 악음이다

어찌해서
더 친근감 있고 호감이 가는 소리는 없는 걸까
그보다 통일된 경적음은 불가능한 것일까
앰뷸런스마다 질러대는 악음이 각각
위급환자 목숨 구하려다 산 사람
신경 때려잡게 생겼으니
어디다 이를 호소해야 하나

경각에 달린 환자의 위급상황 잘 안다
인명구조를 위해 부득이하다는 것도 잘 안다
헌데 소음·굉음 차원을 넘어 악음 중의 악음이다
병자를 구하는 역할이 아니라

성한 사람 병자 만들기 딱 좋은 귀곡성이란 걸
앰뷸런스만 모르는 것 같다
운전은 사람이 하는데 소리는 어찌 귀신이 내지
르는지

어디 그리 쉽던가

하는 짓마다
손해만 보고 사는 놈 있어
에이 바보 했더니
이에 바보 왈
손해 본 게 아니라 이익 탐하지 않았다고

허면
손해도 아니고 이익도 아니고
중간
중용의 길 택했던
현인이었던 것을

바보 탓했다
바보 못 면하고 바보가 되어버린
바보라니
뭐 눈엔 뭐만 보였던 것을
바보 면하고 살기가 어디 그리 쉽던가

어떻게 살았는가

어떻게 살았냐고 물었는가
그럭저럭 죽일 놈은 면하고
살았네

훌륭한 삶이었네
세상엔
죽어야할 놈들이 더 많아서

허니 죽일놈 말 안 듣고 살았으면
최선의 삶 아니었겠나
그럭저럭 사는 삶
그 속에 최선의 삶이 들어있는 것을

에잇

모기장이란 게 모기를 막으려고
성기게 짠 망사 장막을 두는 것이 아니던가
따지고 보면 모기 방충용이기보다
여름 한철 내가 갇혀사는 복당이다
성기게 짰다고는 하지만 망사 안은
밖보다 훨씬 더 덥다
소이로 모기에 갇히고 더위에 갇힌
연옥살이 못 면하고 사는 꼴이다

문제는 방충효과다
아무리 잘 단속해도
어떻게 들어왔는지 들어왔다 하면
팔다리에 새겨진 문양이 문신차원이다
모기채로 잡다보면 잠 설치기 마련
짜증나기 마련이니 여름밤의 더위보다
극성스런 모기 등쌀에
안녕히 주무시지 못했다다

문망주우앙이라더니
덩칫값도 못하고 모기 피해

되레 영어신세라니 꿀이 아니다
독거도 신세타령 절로인데 모기 극성에
짜증타령이 절로다
모기채로 잡았을 때 터지는 피는
내 피인 데도 섬짓하고 닦아내는 수고는
시쳇말로 더럽다 에잇

우리는

지배계층 있으면
피지배계층 있기 마련

절대 권력 있으면
절대에 항거하는 저항도 있기 마련

우리는 그것을 도치(刀治) 부치(斧治)라고도 하고
이에 맞서 싸우는 자유·민주라고도 한다

정치에도 상치 도치(道治) 덕치 있는가 하면
하치 편법 시행령 정치도 있다

있어 상법·정법 외면하는가 하면
하법 특권 내세워 거부권으로 다스리기도 한다

우리는 그것을 민주주의의 퇴행이라고도 하고
독재 독선 앞세운다고도 한다

이 양극화의 지배 피지배 하에서
정치 평가는 %가 척도한다

%는 바로 세우면 이ㅇ 정시(正視)가 되고
바로 세우지 못하면 % 사시(斜視)가 된다

우리의 눈은 정시와 사시로 시계를 달리하고
달리하면서 시계 제로 지대에서 같이 살아간다

이러해서일 듯

왕왕(王王) 킹킹(king king)
개 짖는 소리다
개는 그냥 짖었을 뿐인데
소릿값을 의미값으로 풀이한 유식쟁이들의
해석이 王王 king king이다

왕을 보고 개가 짖었다면
하나는 본능의 표출이요
다른 하나는 본능의 식별에 따른
경계심의 표출이다

필시 위협적인 존재였거나
경계 대상에 대한 본능표출이었단 뜻이니
王王이건 king king이건 본능에의 충실이다

그 충실로 풀이해본 유식쟁이들의
해석 王王 king king이 문제다
대상을 위험인물이나 경계의 인물로 인식했다면
부정의 표출이 되기 때문이다

정치가는 유식층을 유식층은 정치가를 싫어한다
소이인즉 서로 속아주지 않기 때문
유식쟁이가 개의 입을 통해
王王 king king하는 소이 또한 이러해서일 듯

자연 스승 삼아

진수무향(眞水無香)이면
물이 맑을수록 순수함을 더한다 함이니
나무로 치면 그늘을 드리울 수 있는
선목유음(善木有陰)쯤이 되고
인간으로 보면 덕을 지녔다쯤이
될 듯싶어서

공원
아름드리 느티목 그늘에 앉아
맑은 물, 그늘 많은 나무
진실된 인간의 덕성을
청수무향에 빗대이며
자연 스승 삼아 배워본다

좌시할 수밖에 없다니

걸핏하면 좌시 않겠다
으름장을 놨더니
말이 씨 됐는지
좌시(左視)가 시력 zero 상태다

시인을 견자(見者)라 안 했던가
보이지 않는 것까지를 보고
드러내 모양새로 제시해야 견자인데
드러난 것도 제대로 볼 수 없다니 난감이다

입이 입조심 못해 구린내 풍기듯
눈도 보아서는 안 될 것을 너무 많이 본 것일까
보지 않아서는 안 될 것을 보지 못했음일까
좌시의 퇴화에 속수무책, 좌시할 수밖에 없다니

참꿈

그늘의 계절 독립공원 느티나무 그늘에 누워
잠들면 무슨 꿈을 꿀까

멀리서 들려오는 뻐꾸기 소리
꿈길 타고 뻐꾹뻐꾹 들려오겠지

경계구역 없이 이리 날고 저리 나는 날짐승들
귀동냥을 했는지 수소문을 했는지

뻐꾹뻐꾹을 폭군폭군이라며
세상사 알려주며 잠 깨워주데

치통

침침했던 시력의 회복에 감사했더니
이번에는 치통앓이다
사랑니 하나가 종일 욱신 이맛살 찌푸리게 한다

도치(刀治)·부치(斧治) 어지간히
씹고 깨물고 물어뜯었던 죗값으로 알았더니
노치 못 면해 흔들리기 때문이다

두동치활(頭童齒闊)이라 했던가
백발에 머리는 듬성듬성 이는 드문드문
히히 했다 하면 다 도망칠 마귀할아범이다

멋 부릴 일 없고 자랑할 일 없으니
머리 탓이 어떻고 이가 어떻고 상관없으나
종일 욱신거리는 통증은 견디기 힘든다

처방전은 발치 잇몸 약해 임플란트도 불가
애인 없었기에 망정이지 있었더라면
삼십육계 생이별 못 면할 뻔했다

통치와 치통

정치(政治)의 정(政)자는
바를 정(正)자와 칠 복(攵)자를 합쳐
이루어진 글자다

정치의 걸음걸이가 정도(正道)에서 벗어나면
바른 길로 가라고 소격(小擊)의 뜻을 지닌
칠 복(攵)자를 곁들였단 풀이가 된다

정도란 어떤 길을 두고 한 말일까
정치 중의 정치인 상치(上治)
도치(道治)·덕치(德治)가 이에 해당된다

목하 우리 정치는 상치 아닌
도치(刀治)와 부치(斧治)의
하치(下治)의 통치시대

잘못 들어선 길 바로잡는 칠 복(攵)자가
칼 도(刀)자로 바꾸어버린, 해서
시행령·거부권이 정도(政道)가 돼버린 시대다

칠 복자 대신 통치를 잘못됐다
씹어댔더니 돌아오는 건 치통
발치로 억울함을 달래야 할 줄이야

투표유감

투표를 탄환보다 무섭다 했던데
국회의원과 정당기표 난에 한방씩 쐈다
번번이 오발탄 못 면한 투표 이번엔
명중할는지

선입견 없이, 시류에 흔들림 없이
소신껏 신중히 결정하고 찍었다
공약엔 믿음이 가지 않았지만
기대를 걸고 한 표 행사했다

별의별 정당에 별의별 공약까지
글자 그대로 별[star]이 되었으면 싶은데
사사건건 치고 밀치고 깎아내린 별(批)이면
부딪칠 일만 남을 듯

안 그래도 정적끼리
'너 죽고 나 살기'가 구호인데
치고 박고 부딪치면 진 쪽은 죽어나가기 마련
4월을 잔인한 달이라더니 그러할 듯싶다

주사위는 던져졌다
이긴 쪽은 전리품으로 권력을 챙기고
진 쪽은 피를 흘려야 할 판
투표란 게 한쪽의 죽음으로 한쪽이 사는 것이어서

※ 별(批) : 부딪친 별자로 수격(手擊)·추야(推也)·격야
(擊也)의 여러 뜻을 지니고 있다.

하일잡사(夏日雜思)

하지(夏至)면 여름에 이른다 함이니
초하(初夏)쯤이 된다
초하면 푸른 계절이니 바람 또한
삽상해야 할 것을
되레 성하(盛夏)보다 연옥이다

스피드시대 때문일까 봄 여름 뒤범벅에
가을 겨울 또한 다르지 않다
무위의 법도란 게 사계의 순환 좇아
순리 따름인 것을 아니다
세상에 오염됐는지 법도가 말씀이 아니다

허긴 인위의 다스림이 양반의 법도
도치(道治) 덕치(德治) 버리고
상것의 도치(刀治) 부치(斧治)로 다스리니
무위인들 정도행 보여주겠는가
그늘의 계절 연옥 못 면한 소이가 이러할 듯싶다

이런 시 있어 떠올려 본다
하(夏) 덥다

야(夜) 시원하다
하야(夏夜)보다 더 시원한 건 없을까
있지, 하야(下野)

한가를 벗하며

초하인데 더위는 성하다
앞서가기 좋아하는 버릇
인위의 못된 버릇인 줄 알았더니
무위도 다르지 않은 듯싶다

지구온난화다
생태계 파괴다
기후위기다
오존층 동공화 현상이다

지구란 게 성한 곳이 없어서
하늘도 땅도 산도 바다도
망가지긴 매한가지
믿을 곳이 없는 소이다

일컬어 고해란 말
삿대 없이 도강하니 무사할 수 있겠는가
마음에 절간 하나 유사(有舍)로 지녀 법당 삼으면
고해도강 무사할 수 있을까

허(虛) 아닌 더불어 사는 삶이고 싶다

상치(上治), 도치(道治), 덕치(德治)는
행여 상할까 봐 입에 담기 조심했고
하치(下治), 도치(刀治), 부치(斧治)는 통치와 함께
씹어댔더니 치통앓이로 죄다 발치했다

말조심하란 뜻으로 알고
부덕한 소치로도 알아 탓 접고 살지만
남은 이 몇 개마저 뽑힐지라도
통치엔 앓고 앓아도 입 닫을 수 없을 것 같다

두동치활(頭童齒闊)이라 했던가
늙었으니 머리는 그렇다치고
훔쳐 먹고 빼앗아먹은 것 없는데
발치라니 억울하다

억울한 게 어디 그뿐이겠는가 마는
억울한 세상이나 바로잡혀
치활 부끄럼 없이 드러내고 웃는
그런 더불어 사는 삶이고 싶다

협치 실현 길 열 것을

여, 남은 국회상임위원장 자리
수용불가 한 달도 못 버티고 결국 백기
백기엔 '실리'가 써있었던 모양인데
선거란 게 모든 자리 싹쓸이가 승자 몫이 되는
미 정치 전리품이란 건 알려진 사실
이를 알고도 일곱 석 양보했다면
미국정치보다 한국의 정치가 더 큰 덕성 지님일 듯
호양정신의 양보가 덕성 아니던가

문제는 실리보다 국회 정상화 명분
밀린 법안 처리하고 새 입법으로 국회 정상화
국가에 이바지한다는 명분 내세웠어야
그랬으면 구전문사보다 국익 우선
설득력 되어 호응 이끌어냈을 수도
그나마 다행인 건
고집·오기·독선·시행령 통치 버리고
내세운 실리가 협치 지혜 초보일 듯싶어서

초보면 어떠랴, 내친김에
정도 향해 거보 내디디면 따르는 국민 있어

도치(刀治)도, 도치(道治)나 덕치(德治)에 값해
근자열원자래 될 수도 있었을 것을
도치(道治)란 게 사도 버리고 정도 좇아
거보행이면 민심도 따르기 마련이어서
덕치(德治)에 값함도 돼
상치(上治) 시대 열어

흉터하고 산다

향원익청(香遠益淸)이면
덕의 이치도 다르지 않을 듯
근자열원자래(近者悅遠者來)의
덕치가 같은 이치일 듯싶어서

옛분들 말씀
그름이 없으니 어찌 따르지 않고
멀리할 수 있겠는가
도치(道治) 덕치(德治)의 치도가 그러한 것을

도치(刀治) 부치(斧治)가 판을 치는
요즘 세상의 비정(非情) 비덕(非德)을
몸소 겪고 체험하면서
때 묻고 얼룩진 세태의 땟자국을 흉터하고 산다

제2부
모음시편(慕吟詩篇)

고향 그리다

고향 학의동(鶴儀洞) 학은 새 학(鶴)
의(儀)는 얼굴 용(容)이니 얼굴을 말함이다
풀이하면 학의동은
학의 얼굴이 있는 머리쯤에 해당되는 마을이다

고봉(高峰)산과 제봉(帝峰)산이
나란히 날개 펼친 깃에 마을을 품고 있으니
산세(山勢)대로라면 학의동은
학이 품고 있는 마을쯤이 된다

학의동에서 낳고 자라 고향하고 사는 연고로
멀리 날고 높이 나는 학의 꿈 지니고 살았더니
학이 말년 독거의 벗이 되고
내 그리움을 전하는 전령사가 될 줄이야

소천한 아내가 있는 곳은 장천 구만리
학이 없었던들 어찌 상사일념(相思一念)인들
전할 수 있었겠는가
한운야학 안빈낙도, 내 분한에 감사한다

그리움 · 1

I
잘못 조준으로 과녁 벗어난
실패한
큐피트의 화살이다

차마 찌를 수 없어
허공에 던져버린
간장막야(干將鏌鎁)의 은장도다

스스로의 가슴을 겨누어 당긴
명중의
베르테르의 방아쇠다

II
계복(啓服)의 네 발걸음
준마의 질주 익히더니
어느새 갈기까지 자라
세우면 준마

한운야학(閑雲野鶴)의 한가로

방목한 날엔
천고마비로 살찐
천리 명마이다가

아하, 놓아버린 고삐 풀려
붙들지 못하면
단숨에 만리 멀리 달아났다 돌아오지 않는
배신의 내 애마

Ⅲ
고향 학의동(鶴艤洞) 떠나올 때
선금(仙禽) 한 마리 품에 품고 왔더니
세월로 익혀온 날개 펼쳐
구천 마다않고 날아갔다
돌아온 선학(仙鶴)

천상과 지상을 왕래하며
그리움 전해 시름 달래게 하고
돌아와 밝힌 노독으로
같이 밤을 세우는 전령사
내 애조(愛鳥)

그리움 · 2

길 아닌 길
천리를 돌아온
한 접시 접시불로
노독을 푼다

다디단 한 잔의 커피가
탕약으로 번지면서
박하향으로
가슴을 마사지 한다

갈기를 세우면
천리마
날개로 펼치면
구천을 날아온 학

애마의 등 두드려 위로하고
애조 깃털 쓰다듬어 접어주며
밤 함께 밝히면
얼굴 하나 사창에 달로 뜬다

그리움과 외로움

그리움과 외로움은
혈통도 성질도 다르다
그리움이 젖은 습성(濕性)이라면
외로움은 마른 건성(乾性)이다

눈물 몇 방울로 적실 수 있는 것이 그리움이라면
한 사발 물로도 적시지 못하는 것이 외로움이다

한밤 그리움이나 달빛으로도 넘칠 수 있는 것이
그리움이라면
소나기의 우계에 젖을수록 말라버린 것이
외로움이다

그리움이 한 접시 접시불로
온 밤을 밝힐 수 있다면

외로움은 캄캄한 고체성 어둠일수록 더 잘
무명으로 연소된다
빛과 어둠 사이에서 그리움과 외로움으로
독거의 창이 밝혀졌다 꺼졌다 한다

그리움을 사랑한다

주말깨면 으레 비다
비는 적셔야 제 값을 하는데
값엔 충실한 듯싶다

노출된 곳만 적시는 게 아니라
온 대지를 다 적시고
밀폐된 드러낼 수 없는 가슴까지도 적신다

우수를 우산으론 받아낼 수 없듯이
우산 속에서도 젖어버린 가슴이 있다
주말이면 도지는 우수의 본적지인

그리움에도 뿌리가 있어
비로 적셔야 웃자란 모양이다
비 오는 날이면, 그것도 주말이면 도지는

그래, 가슴 쑥대밭 된지 이미 오래
가뭄으로 한발 못 면한 것보다야
쑥대라도 그리움의 쑥대면 가슴의 풍요 아니던가

그리움을 우리들이 쫓겨나지 않는
유일한 낙원이라 안 했던가
나는 낙원에 살고 싶고 소이로 그리움을 사랑한다

그리움의 요람

우계의 장맛비
그것도 주말의 비면
우수(雨愁) 동행
빗속을 걸어가는 마음의 행보가 있다

그리움 따라 걷는
우산 없이 젖으며 가는 길
발길 닿는 곳
에덴 파라다이스

내공으로 익혀온 축지법으로
1시간여의 도정
수국도 때맞춰 피어
비를 맞으며 반겨 맞아주는

앉아서 천리를 돌아오는
축지법 말고도
길러온 학의 날개에
그리움 실어 보내기

비 오는 날의 주말이면
비에 젖어 찾는
에덴 파라다이스는
그리움의 요람이다

근황시편 · 1

그러려니 하면서도 요즘 들어
짜증이 늘었다
깜박증 때문이다
선풍기를 틀어놓은 채 출타하는가 하면
화장실 전등을 끄지 않고
핸드폰을 챙기지 않는가 하면
열쇠를 두고 나오기도 하는 등
하루에 한두 가지는 깜박증세다

망구에 정신 멀쩡하면 되레
그게 이상하다 깜박증과 함께
깜박깜박 깜박증이면 어쩌겠는가
그런 중에도 지나가버린 것들에 대해서는
명석하다
행복하기도 했고, 아름답기도 했고 그립기도 한
그 셋 다이기도 한 과거세에의 회귀
먼저 간 아내에의 회상도 함께

근황시편 · 2

하루하루를 무탈이란 안일로
접어 허비한다

딱히 바라는 것 없는데
접히지 않는 허전기는 무엇일까

무언가 비어 있는 구석을 지녔음일 듯
무엇을 바라기에 남아 있는 공백을 지닐까

안분지족이라 했던가
혹여 분수 밖의 것 지님이나 아닐지

딱히 욕심하지 않으면서도 마저
접어버리지 못하는 아쉬움이나 미련 같은 것

그런 것 거두어 하루로 접는
가슴엔 듯 이마엔 듯 두른 비단 한 자락

나리꽃

나리꽃이 피었다
지난해
그 지난해에도
해거리를 모르고 피었던 꽃이다

다투어 피던 봄꽃 철 지난
음 오뉴월이면 제철로 피는
꽃이 아름다워서가 아닌
간 아내가 좋아했던 소이로 좋아한 꽃

집 옥상에도 분이 있어
여러 그루가 다투어 자랐기에
그중 한 분을 현관에 옮겨 놓고
개화를 기다리는 중이다

꽃이 외롭게 피어서일까
꽃을 앞에 한 내가 외로운 때문일까
함께 아닌 단독자가 소이일 듯
아니면 둘 다일 수도

한 송이 나리꽃으로
환기시키는 외로움이면
필시 가슴엔 듯 순수가 살아있음 아닐지
아니면 그리움이 도진 때문일 수도

먼 옛날 소학교 때 등굣길 산자락에
지천으로 피었던 나리꽃을 꺾어다
화병에 꽂았던 기억과 꽃 앞에 하고
돌아설 줄 모르던 아내 얼굴이 교차해 떠오른다

나리꽃 앞에 하고

장마를 깃점으로 피는
나리꽃은 7월의 꽃이다
우산으론 받을 수 없는
우수를 가슴에 한 이들이
좋아하는 꽃이다

우산을 받쳐주며
우산 속에서도 젖어버린
가슴을 지닌 이만이 나눌 수 있는 꽃말은
무엇이었을까
젖은 공허를 메워 위로가 되어줄 수 있는

비로는 적실 수 없는
우수만이 적실 수 있는 가슴으로 마주한
나리꽃이 피면 도지는 가슴엣병
아픔보다 슬프고 슬픔보다 아픈
그런 얼굴 하나 나리꽃으로 피어 있다

나리꽃이 되어본다

나리꽃 앞에 하고 자리를 뜨지 못한다
고운 꽃 때문일까
감고 풀어주지 않는 향 때문일까

아니다 꽃 속에 꽃으로 피어 있는 얼굴 하나
꽃보다 아름답게 피어 있기 때문이고
꽃보다 아름다운 추억이 피어 있기 때문이다

꽃째 감탄사로 찍혀 있는
찍혀 발목을 잡고 놓아주지 않는
차마 떨치고 갈 수 없는
돌릴 수 없는 발길 때문이다

어찌 발길 탓이겠는가
선채로 꽃이 되어 버리고 싶은
꽃이 되어 꽃잎과 꽃잎으로 포개고 싶은
포개 하나가 되고 싶다

나리꽃 앞에 하고
가버린 날도 소환해 함께 서본다
망처화(望妻花)가 있다면 이러할 듯싶구나

나리꽃 피고 지는 날에

현관에 피었던 나리꽃 세 송이
그중 한 송이가 꽃잎을 떨구고 있다
지는 꽃잎에 가슴이 젖는 소이
꽃보다 꽃이 지듯 간 얼굴 하나 떠올라서일 듯

간 아내가 나리꽃을 좋아했던 연유는 모른다
알고 있는 것은 나리꽃을 심었던 연유가
필 때마다 그리움을 일깨우게 하고자 한
연유가 연유일 듯싶을 뿐

지는 꽃잎이 맛보게 하는 가슴의 허전기
어찌하여 꽃잎이 가슴을 적셔줄까
유심이 소이일 듯싶은데
유심으론 채울 수도 비울 수도 없는 허기다

사랑도 미련도 그리움도 아닌
그러면서도 그 다일 듯싶은
내가 품고 살았던 화심이
아내 사랑이었던 것은 아니었을지

아직 남아있는 두 송이 나리꽃
아내의 혼이 환생함일 듯싶은
그렇게 믿고 싶은 가슴으로 그린 오선보는
나리꽃 피고 지는 날의 엘리지

나리꽃 피다

나날이 붉게 부어오르던
나리 꽃대궁이 비로소 꽃잎을 터뜨렸다

간 아내가 좋아했던 꽃
옥상에 있던 분을 내려다 놨더니 개화했다

꿈에서라도 찾아오면 맞기 위해 한 송이는 내 몫
두 송이는 아들 딸 몫의 영접사인 셈

꽃이 피니 기다림도 보람으로 기쁨이 되고
찾아오면 아내도 기뻐할 듯싶다

꽃도 보살피는 손길을 안다던가
반응 한다던가 허사 아닐 듯

내 정성으로 피었으니
맞는 기쁨도 찾는 기쁨도 꽃일 듯싶다

노독(路毒)을 푼다

어스름
또 창가를 서성인다
창밖을 내다보고자 함이 아닌
앉아 있을 수가 없어서다

안절부절 심란한 심사
달랠 길 없어 서성이며
착각인 줄 알면서 기다려진다
"늦었어" 하며 들어설 것만 같아서

어둠이 창틀까지 기어 올라오면
착각에서 깨어난다
부질없음을 알고 제정신으로 돌아선다
주말이면 도지는 가슴앳병이다

와락 밀려오는 고적감
가라앉히려면 시간이 필요하다
그 필요한 시간을 벌기 위해 또 서성인다
앉아서 천리를 돌아온 그리움의 노독을 푼다

동행

창밖을 내다보고 있으면
지나가는 발걸음의
함께 가고 있는 동행이 보인다

늙고 등 굽은 노구의 느릿한 발걸음엔
허무와 고독이 동행하고
안짱걸음의 할망구 발걸음엔 세월이 동행한다

따로따로따따로 갓 면한 어린이 발걸음에
어리디어린 행복이
엄마손 뿌리친 뒤뚱이는 발걸음엔 코흘리개 행복이
미니스커트의 여학생 발걸음엔
핸드폰 속 사내애의 얼굴이
손잡고 걷는 젊은이 발걸음엔 관능이 동행한다

가로등에 그림자를 끌며 홀로 걷는
내 그리움의 발걸음엔
아내의 얼굴이 동행한다

미련

떠나면서 아내는 많은 유산을 남겨주고 갔다
아들딸 손주들에게까지도

내게 남겨주고 간 유산은
물질적인 것보다 정신적, 정서적인 것들이 더 컸다

소비하고 소비해도 바닥 드러내지 않는 그리움
아픔·고통·슬픔 같은 고분지통이었다

남겨주지 않고 가지고 간 것도 있었다
끝내 입 다물고 간 침묵 뜨지 않고 감고 가버린 눈

남겨두고 싶지 않은 것들이었던 듯
헌데도 끝내 떨쳐버리지 못하는 미련

미련(未練)으로 미련장이가 되어버린
미련만은 버릴 수 없는 마지막 유산일 듯싶어서

미안코 또 미안코 미안하다

동신병원
아내가 생을 마감했던 병원이다
코로나의 역병시대
생명의 존엄과
경외가 무너져버린
비정의 시대에
생을 마감한 아내

병원에 동행했던
둘째딸애는
오늘도 마지막 입원실로 엄마를
들여보냈던 병원을 찾아
울고 왔다며 울었다
그 마지막 엄마가 쉬던
심호흡을 쉬며 울었다

오늘이 아내의
84회 생일이다
아들의 일정 때문에 가지 못하고 또
1주를 미룬 에덴 파라다이스 행

미안코 또 미안코 미안하다
미안으로 위안하며
다음 주일을 기약한다

배운다

주말이면 예외없이
나들이를 한다
에덴 파라다이스 아내가 있는 곳이다

자식들은 문득문득 떠올리며
울음한다고 하던데
내겐 무시로 떠올린다

그리움만도 아니고 미련만도 아닌
그렇다고 연민만도 아닌 왈칵왈칵
치밀어 오르는 보고 싶음만도 아닌

그 무엇으로도 규정할 수 없는
내면의 힘으로 작용하는 허무가 소환하는
정이 아닐지

정이란 게 끊는다고 끊어지는 것도
접는다고 접어지는 것도, 지운다고
지워지는 것도 아닌 사랑의 다른 표현이어서

사별이란 게 사랑의 끝이 아닌
살아선 체험하지 못한 고분지통만이 체험하는
새로운 높이의 사랑이란 걸 배운다.

봄비는 내리고

공원엔 사람들이 없었다
비가 오고 있었기 때문이었다
우산 없이
비를 맞으며 들어서는 이
있을 듯싶은데 없었다

비 오는 날의 멜랑콜리는 옛날
버버리코트 깃을 세우고
옛날을 추억하며
빗속을 걷는 로맨틱한 풍경은 옛이 돼버렸다
가슴이 퇴화했다는 산 증거일 듯싶다

다투어 꽃들 피어 있었으나 비에 젖어
쓸쓸했고 오는 비를 바라보며
벤치에 앉아있는 모습은 초라했다
아내가 좋아했던
나리꽃은 한 계절 후의 꽃

나란히 걸었던 비에 젖은
옛길은 그대론데

홀로 지나가는 발자국엔 옛들이 밟힌다
노란 눈물방울을 떨어뜨리는 산수유 한 그루
내 안의 젖은 마음 같아 가지 앞에서 본다

비 오는 날

차창 밖으론 비 내리고
내린 빗속으론 아내가 마지막 생을 마무리한
병원이 빗선 사이로 보인다

그날의 눈물일 듯싶은 비
가슴에도 내리고
내려 젖어 범람한다

마지막 생의 한계에 직면한 듯
"달리 방법이 없을까?"
아내가 남기고 간 ?와

"비가 오면 어쩌"라고
내 세브란스병원 행을 걱정하던
아내의 표정이 ?에 오버랩 된다

내 살아있는 한 뽑아낼 수 없는
닻인 듯 가슴에 박혀 있는 ?와
메아리로 감겨 풀리지 않는 음성이 비에 젖는다

내 가슴이 따라 젖는 소이다
비 오는 날이면 아픔으로 도지는
젖고 젖는 가슴엣병

비 오는 날 도지는 울증

현관 밖에 종일
내리박히는
죽창을 꽂아놓고
출입을 통제한다

갇힌 독거공간은
우울의 서식지
문명인을 사로잡고 있는 만성적인
우울에 갇힌다

죽성에 갇히고
우울에 갇혀
우울에 길을 내주지 말라는 충고에도
속수무책 현관문째 열어둔다

길들여진 대로 그리움이
먼저 떠나고
외로움이 뒤를
이어 따라간다

독거의 고독이 다시 울타리를 친다
다 떠나가 버린 뒤의 고독에 갇힌 독거
키르케고르 선생이
청진기를 거두고 떠난다

비의 변주

때맞춰 내리는 감미로운 비
감림(甘霖)
경작기 맞아 알맞게 내려주는 비
고우(膏雨)
5월 장미 꽃잎에 옥구슬로 굴러 내리는
격철우(隔轍雨)
커피 잔에 우수(憂愁)를 타 마시는
한사코 유리창에 감탄사 !!!를 찍고 가는
우수(雨水)
순도 120%의 순수의 결정체이면서도
소릿값으론 짜디짠 소금기의
장맛비

내 가슴의 우계에도 배가 내린다
장맛비에 쑥대궁이 웃자라듯
우계의 마음밭에도 웃자라는
우수로 감아올린 그리움이 있다
꽃으론 피우지 못하면서 꽃보다 곱고
욱복(郁馥)에 값하지 못하면서도 향그런
줄기도 없어 뻗어나가는 모정(慕情)은 비단자락

젖을수록 일곱 빛깔로 채색되는
채색돼 지상과 천상을 잇는 무지개
무지개 난간에 기대어
우리들이 쫓겨나지 않아도 되는 유일한 낙원은
그리움이란 가슴으로 비에 젖는다

사랑도 아픔이란 걸

주말이면 도지는 우울증
치유할 수 없는 종신지질이나 안 될지
아픔도 없이 아픔보다 고통스런 병이다

육신이 아닌 정신적인 고통
그리움이란 진통제도 듣지 않는
되레 아픔을 배가시켜 도지게 하는

허한 마음 때문일까
비우면 비울수록 가득가득 채워지는
병리 아닌 역리의 고분지통

아내여
사랑도 병이란 걸 미처 몰랐었구나
아픔도 사랑이란 걸 이제사 알았구나

소환(所患) 하나 지니고 있어서

한나절 거리면 지척 이리 짬내기가 힘들다니
산다는 것의 수고로움 때문일 듯싶다

자식들 다 매어 있고 나 비록 틈낸다 해도
혼자는 갈 수 없는 곳이 에덴 파라다이스여서

주말이면 마음 무겁고 무거움 부려놓지 못하면
심란한 심사 또한 달랠 수 없는 한짐 무게

간다고 달라진 것 있겠는가마는
갔다 오면 짐 벗어버린 듯 홀가분함이어서

정이란 맺히면 풀어버려야 못하면 아픔
에덴 파라다이스는 정기 진료소

주말마다 다녀와야 치유되는
약으론 달랠 수 없는 소환 하나

아내의 2주기에

아내의 소천 2주기를 추모하기 위해
내가 작사·작곡하고
아들이 부른
<에덴 파라다이스>를 영전에
조용히 불러드리고 왔다

1주 때 시낭송회에 이은
2주기의 추모행사인 셈이다
3주기 때는
시낭송에 아내가 좋아했던
노래들을 곁들여보기로 한다

가보지 않으면 허전코 섭섭하고
다녀오면 미안함이 덜해서 좋다
봉안 유리에 악보를 새겨 넣고
시도 한 편 곁들였으면 싶은데
너무 공간이 좁다

영혼들이 모여사는 곳
<에덴 파라다이스>

영혼으로 영원한
죽음 속의 삶이기를
명복으로 빌어드린다

외로움

얼마를 짜고 걸르면
한 접시 기름이 될까
기름이 되어
밤 밝히는 접시불이 될까

적셔도 적셔도
바닥을 드러내지 않는 마법의 접시
기름 적신 소지들을
한 장 한 장 사른다

태우면 태울수록
번지는 내연의 불꽃
얼마를 더 태워야
고독의 화장(火葬)은 끝날까

한 장 한 장 뜯어내
화장지(火葬紙)로 태우는 페이지엔
고독이란 두 글자들이
유골 아닌 사리가 된다

우계 연가

장맛비가 유리창에 찍고 가는
!!!로 적시는 가슴
우산 속에서도 젖어버렸던
우수였던 듯싶다

주르륵 주르륵 흘러내리는
내려 보표(譜表)가 되는
비오롱의 선율이
칭칭 가슴을 동여매는 오선보가 된다

빗선으로 타는
이었다 끊어지고
끊어졌다 다시 이어지는
빗줄기로 긋는 활

저음의 !!!들이
우계의 비창이 된다
비가와 비가 교향하는
교향곡 우계의 연가

우계의 엘리지

유리창에 ???를 찍고 가는
장맛비
어찌 알았을까
내 가슴을 치고 가는 강편치가 된다는 걸

사선으로 비켜가면서도
가슴을 강타하는
발동 모터로 회전하는 빗줄기 아닌
뇌성의 섬광으로 자장하는 아픔

?마다 ♩♪이 되어
장마 빗선 오선보 삼아
보표로 걸려 있는 방울방울
방울마다 스텝에 밟히는

??? 발자국 아닌
비가 그리는 음부(音符)
음부마다 ♩♪♬로 음계가 되는
우계의 엘리지

울음 즉 행복

한 얼굴엔 웃음을 또 한 얼굴엔
울음을 지니고 살면 금수라 했던가
울면서 웃는 얼굴 그리워하고
웃는 얼굴 그리며 우는 시방 나는
두 얼굴로 살아가는 한 마리 짐승이다

울안은 그리움의 서식지
울밖은 모랫벌 황무지
서식지엔 마르지 않는 그리움이란
샘물이 있다
울안이 낙원이 되는 소이다

울고 웃는 두 얼굴
낙원과 오아시스와 그리움은 모두가
간 아내가 주고간 유산이다
이만한 무망지복(毋望之福)이면
울음도 행복에 값할 수 있음 아니던가

주말께면

주말께면 딸애는
엄마가 보고 싶다고 한다
집안 청소를 하면서 만나는 엄마의 흔적을
떠올리거나 지워버리지 못함 때문이리라

난들 어찌 보고 싶지 않겠는가마는
보고 싶어도 달래고 달래
내색하지 않음이
지아비의 도리일 듯싶어서다

다행히 그립고 보고 싶을 때마다
펜으로 투사해
도진 가슴앳병을 달래곤 한다
이모치모(以慕治慕)의 요법이라고나 할까

딸애와 내가 보고 싶음을 달리한 소이다
딸애의 직정과 내 정신적
방어기전의 다름이 이러하다
딸애의 감정에의 순수와 충실을 나는 사랑한다

주말이면

주말, 비라도 내리는 날에는
어김없이 도지는 아픔 하나
달래기 위해 동행하고 나서는
에덴 파라다이스

빗속을 나란히 걷기도 하고
우산을 같이 쓰고 나들이했던
옛을 불러 동행하기도 하는
그리움 따라가는 길

돌아와 침묵의 한 접시 불을 밝히고
푸는 노독
"비가 와서 어쩌" 하며
다가올 것만 같은 환영(幻影)

비에 젖고
가버린 날에 젖고
젖을수록 도졌던 아픔 적셔 닦아내는
비 오는 주말의 가슴앳병

한가한 시간의 한때

조용히 마음을 모두우면
모아진 마음 고스란히
아내 곁으로 간다
잡사가 끼이지 않은 순수일수록
수평으로 이동한다

그립고 보고 싶고 안타까운
가슴의 표현
순한 마음으로 돌아갔을 때만이
일에 밀려 접어 두었다가
되찾은 소중함일 듯싶다

한가한 날의 방목이다가
문득 떠올리는 그리움이 세운 갈기
단숨에 천리를 질주하는
그리움은 내 애마이자
준마이고 천리마이다

가슴에 두른 방목장의 울타리는
거듭하는 보수에도 늘 무너져 있다

경마(馴馬)의 탈출을 가둬두기엔
말들은 너무 살이 쪄 있다
하루에도 몇 번씩 고삐가 풀리는 소이다

우리들이 쫓겨나지 않아도 되는
유일한 낙원은 그리움이라는
새 주어에의 충실을 사랑한다
사랑이 곧 그리움이고
그리움을 지니는 한 낙원인 가슴을 사랑함이다

풍음·모음집(諷吟·慕吟集)

2024년 8월 15일 인쇄
2024년 8월 25일 발행

지은이 / 박진환
발행인 / 박진환
펴낸곳 / 조선문학사
등록번호 / 1-2733
주소 / 03730 서울 서대문구 통일로 389(홍제동)
대표전화 / 02-730-2255
팩스 / 02-723-9373
E-mail / chosunmh2@daum.net

ISBN 979-11-6354-290-2

정가 10,000원

* 인지는 저자와 합의 하에 생략
* 잘못된 책은 서점에서 교환해 드립니다.